WEIHNACHTEN FEIERN MIT RILKE

Briefe und Gedichte

Jan Thorbecke Verlag

INHALT

VERKÜNDIGUNG

Du bist nicht näher an Gott als wir;
wir sind ihm alle weit.
Aber wunderbar sind dir
die Hände benedeit.
So reifen sie bei keiner Frau,
so schimmernd aus dem Saum:
ich bin der Tag, ich bin der Tau,
du aber bist der Baum.

Ich bin jetzt matt, mein Weg war weit,
vergib mir, ich vergaß,
was Er, der groß in Goldgeschmeid
wie in der Sonne saß,
dir künden ließ, du Sinnende,
(verwirrt hat mich der Raum).
Sieh: ich bin das Beginnende,
du aber bist der Baum.

Ich spannte meine Schwingen aus
und wurde seltsam weit;
jetzt überfließt dein kleines Haus
von meinem großen Kleid.
Und dennoch bist du so allein
wie nie und schaust mich kaum;
das macht: ich bin ein Hauch im Hain,
du aber bist der Baum.

Die Engel alle bangen so,
lassen einander los:
noch nie war das Verlangen so,
so ungewiss und groß.
Vielleicht, dass Etwas bald geschieht,
das du im Traum begreifst.
Gegrüßt sei, meine Seele sieht:
du bist bereit und reifst.
Du bist ein großes, hohes Tor,
und aufgehn wirst du bald.
Du, meines Liedes liebstes Ohr,
jetzt fühle ich: mein Wort verlor
sich in dir wie im Wald.

So kam ich und vollendete
dir tausendeinen Traum.
Gott sah mich an; er blendete ...

Du aber bist der Baum.

ADVENT

Es treibt der Wind im Winterwalde
die Flockenherde wie ein Hirt,
und manche Tanne ahnt, wie balde
sie fromm und lichterheilig wird,
und lauscht hinaus. Den weißen Wegen
streckt sie die Zweige hin – bereit,
und wehrt dem Wind und wächst entgegen
der einen Nacht der Herrlichkeit.

DIE HOHEN TANNEN ATMEN HEISER

Die hohen Tannen atmen heiser
im Winterschnee, und bauschiger
schmiegt sich sein Glanz um alle Reiser.
Die weißen Wege werden leiser,
die trauten Stuben lauschiger.

Da singt die Uhr, die Kinder zittern:
Im grünen Ofen kracht ein Scheit
und stürzt in lichten Lohgewittern, –
und draußen wächst im Flockenflittern
der weiße Tag zur Ewigkeit.

IM SCHOSS
DER SILBERHELLEN SCHNEENACHT

Im Schoß der silberhellen Schneenacht
dort schlummert alles weit und breit,
und nur ein ewig wildes Weh wacht
in einer Seele Einsamkeit.

Du fragst, warum die Seele schwiege,
warum sie's in die Nacht hinaus
nicht gießt? – Sie weiß, wenns ihr entstiege,
es löschte alle Sterne aus.

ETWAS WEIẞES FÜR WEIHNACHTEN

Man hat nun doch beim lieben Gott auch hier
für Weihnachten etwas Weißes bestellt, und
er hat's, weiß der Himmel, geliefert: *Schnee.*
„Schnee", wie passt der Name dafür, mit dem
„Sch" schiebt man das Fenster auf und hat's
dann vor sich, weit, eben: ...nee – neige, nêve,
snjĕg: weiß in allen Sprachen! Aber schon ehe
ich die Augen auftat am Morgen, wusste ich's
im Gehör; selbst hier, wo's immer still ist, war
eine *andere* Stille zu hören und ein Vogel
schrieb auf ihr Weiß wie mit einer neuen
Feder seine Meinung.

An Nanny Wunderly-Volkart, 24. Dezember 1921

UNAUFHALTSAMES NÄHERKOMMEN

[D]enn Weihnachten hat so eine Unaufhaltsamkeit im Näherkommen. Bei diesem Fest merkt man's besonders, wie das Tempo der Welt nicht mehr auf es Rücksicht nehmen mag, so ein Fest hat langsam zu kommen, wie damals, als man Kind war, da zählte man und wartete und es war trotzdem noch weit, das gehört dazu, dieser langsame Advent, nun rast man im Lebens-Schnellzug darauf zu, hält an keiner Station, und es ist nicht mal sicher, dass man in »Weihnachten« halten wird, drei Minuten vielleicht, – und weiter auf die große Stadt »Neujahr« zu, wo's endlich ein kleines Aussteigen gibt und Händewaschen.

An Nanny Wunderly-Volkart, 15. Dezember 1922

DER ABEND KOMMT
VON WEIT GEGANGEN

Der Abend kommt von weit gegangen
durch den verschneiten, leisen Tann.
Dann presst er seine Winterwangen
an alle Fenster lauschend an.

Und stille wird ein jedes Haus;
die Alten in den Sesseln sinnen,
die Mütter sind wie Königinnen,
die Kinder wollen nicht beginnen
mit ihrem Spiel. Die Mägde spinnen
nicht mehr. Der Abend horcht nach innen,
und innen horchen sie hinaus.

ZEIT DER INNEREN EINKEHR

[D]er Winter ist, auch heuer wieder, die Zeit meiner *réclusion*, wie ein Baum gehe ich nach innen, außen ganz Schweigsamkeit, Stamm und Geäst, mit nicht dem kleinsten Wort-Blättchen an mir.

An Sidonie Nádherný von Borutin, 21. Januar 1923

WENN SO EIN WEIHNACHTEN HERANKAM ...

Wenn so ein Weihnachten herankam und zögerte und plötzlich da war, so nah vor dem Herzen, wie ein Berg, an dem man nicht hinaufsehn kann, – welches Erleben erlebten wir da nicht? Welche Erwartung blieb außerhalb, welche Freude wurde uneröffnet zurückgelegt; und wie viel Schicksal war aufgelöst in alledem, wie viel von Traurigkeit und Tod tranken wir mit einem Tropfen Enttäuschung, der süß war wie alles andere und doch so anders in seiner Süße –. / Ich merke nun, wie sehr es in der Arbeit wiederkommen will, dieses Alles-in-Allem-sein, das die Kindheit war.

An Sidonie Nádherný von Borutin, 15. Dezember 1907

HERZKLOPFENDE VORFREUDE

Meine liebe gute Mama, unsere herzliche Sechs-Uhr-Tradition hat lauter frohe und treue Eigenschaften: Aber ist es nicht eine der schönsten, die sie uns zugutekommen lässt, dass wir uns nicht allein, jedes Jahr, die alte Weihnachtsfreude schenken, gegenseitig, sondern, dass dieser zwischen uns vertrauliche Gebrauch auch noch die Weihnachts-Vor-Freude aufleben und dauern lässt, die vor der geschlossenen

Tür verhaltene, die immer von so starker herzklopfender Bedeutung war! Denn indem jeder von uns, infolge der Entfernung, die unsere Briefe zu überwinden haben, genötigt wird, indem er schreibt, sich einige Tage vor dem Fest schon seine ganze heimliche Gegenwart

vorzustellen, ja aus ihr heraus, das zu fühlen, was den Anderen: Dir! – die Sechsuhrstunde betonen und erfüllen soll, ist er unversehens in der großen reichen Vor-Freude drin und spricht mitten aus ihr. Von nirgends her ist ja die Freude erkennbar und ergreifbar als von der Vor-Freude aus. Also, meine liebe Mama, da bin ich, in ihr, in dieser wohlbekannten Vorfreude, die Freude sein wird, wenn Du dies liest und mich, im Innern dieser Zeilen, in Deine Arme schließest.

An die Mutter, vor Weihnachten 1923

ES GIBT SO WUNDERWEISSE NÄCHTE

Es gibt so wunderweiße Nächte,
drin alle Dinge Silber sind.
Da schimmert mancher Stern so lind,
als ob er fromme Hirten brächte
zu einem neuen Jesuskind.

Weit wie mit dichtem Demantstaube
bestreut, erscheinen Flur und Flut,
und in die Herzen, traumgemut,
steigt ein kapellenloser Glaube,
der leise seine Wunder tut.

WEIHNACHT

Die Winterstürme durchdringen
die Welt mit wütender Macht.
Da sinkt auf schneeigen Schwingen
die tannenduftende Nacht ...

Da schwebt beim Scheine der Kerzen
ganz leis nur, kaum, dass du's meinst,
durch arme irrende Herzen
der Glaube – ganz so wie einst ...

Da schimmern im Auge Tränen,
du fliehst die Freude – und weinst,
der Kindheit gedenkst du mit Sehnen,
oh, wär es noch so wie einst! ...

Du weinst! Die Glocken erklingen –
es sinkt in festlicher Pracht
herab auf schneeigen Schwingen
die tannenduftende Nacht.

SELIGER WEIHNACHTSTAG

Seliger Weihnachtstag, da die Kleinen mit vor Ungeduld trippelnden Beinchen und leuchtenden Augen an der verschlossenen Türe lauschen, hinter der sich helle, duftende Wunder vorbereiten, mit wichtiger Miene der Mutter zusehen, die den Festtagsfisch schmort für das Abendessen, und, alte Lieder auf den frischen Lippen, zum Großmütterchen, das im hohen Ohrenstuhl am plaudernden Feuer träumt, hüpfen und ihm die sanften, faltigen Hände küssen. Und dann kommt wohl auch der Vater heim und bringt, Schneeperlen im Barte, ein tüchtig Stück Winter mit und erzählt vom Christkind, das ihm auf verwehten Wegen begegnet ist, und dass es Haare wie eitel Gold hat und die Hände voll bunter, prächtiger Dinge. – Und draußen heult der Sturm, und ein Schlitten klingt irgendwo, und alles ist so geheimnisvoll und so groß und so feierlich, dass man es nie mehr vergessen kann – ein ganzes Leben nicht.

Aus: Das Christkind

WEIHNACHTLICHES GEDENKEN

Am 24. hab ich im Stillen an Sie gedacht, wie's verabredet war. [...] Fast schon im Einschlafen bekam ich noch einmal Weihnachten ins Bewusstsein: In dem hohen Atelierfenster, das ich, von meinem Schlafzimmer aus, in einiger Entfernung gegenüber habe, – ging, nach und nach, das volle Sternbild eines Christbaums auf und, zusammen mit den Glocken der Mitternachtsmette, wirkte diese liebe Erscheinung unverdient herüber, bis ich sie leise in den Schlaf hineinlöste.

An Sidonie Nádherný von Borutin, 26. Dezember 1913

WEIHNACHTEN IST
DER STILLSTE TAG IM JAHR

Weihnachten ist der stillste Tag im Jahr,
da hörst Du alle Herzen gehn und schlagen
wie Uhren, welche Abendstunden sagen:
Weihnachten ist der stillste Tag im Jahr.

Da werden alle Kinderaugen groß,
als ob die Dinge wüchsen, die sie schauen,
und mütterlicher werden alle Frauen
und alle Kinderaugen werden groß.

Da musst du draußen gehn im weiten Land
willst du die Weihnacht sehn, die unversehrte,
als ob dein Sinn der Städte nie begehrte,
so musst du draußen gehn im weiten Land.

Dort dämmern große Himmel über dir,
die auf entfernten weißen Wäldern ruhen,
die Wege wachsen unter deinen Schuhen
und große Himmel dämmern über dir.

Und in den großen Himmeln steht ein Stern
ganz aufgeblüht zu selten großer Helle,
die Fernen nähern sich wie eine Welle
und in den großen Himmeln steht ein Stern.

Für Clara Rilke, Weihnachten 1901

DER TAG ENTSCHLUMMERT LEISE

Der Tag entschlummert leise, –
ich walle menschenfern ...
Wach sind im weiten Kreise
ich – und ein bleicher Stern.

Sein Auge lichtdurchwoben
ruht flimmernd hell auf mir,
er scheint am Himmel droben
so einsam, wie ich hier ...

VOR LAUTER LAUSCHEN
UND STAUNEN SEI STILL

Vor lauter Lauschen und Staunen sei still,
du mein tieftiefes Leben;
dass du weißt, was der Wind dir will,
eh noch die Birken beben.

Und wenn dir einmal das Schweigen sprach,
lass deine Sinne besiegen.
Jedem Hauche gib dich, gib nach,
er wird dich lieben und wiegen.

Und dann meine Seele sei weit, sei weit,
dass dir das Leben gelinge,
breite dich wie ein Feierkleid
über die sinnenden Dinge.

VOLL LICHT UND ZUVERSICHT

Meine liebe gute Mama,
wir haben nie viel geredet unter dem Christbaum.
So soll es auch heute sein, zumal das Reden auf dem
Papier nicht einmal die Illusion von Nähe hervor-
ruft. Und die sollst Du haben, d.h. mehr als die
Illusion, – die Sicherheit, dass ich Dir nahe bin an
diesem Abend, den Du mir, seit ich ihn zum ersten
Mal erlebte, geschmückt und durch Beweise Deiner
Liebe und Güte reich gemacht hast! Und Du sollst
mich nahe empfinden, weil ich Dir mein neues Buch
schenke und auf diese Weise mit dem Besten, was
ich bis jetzt errungen habe und geworden bin, zu Dir
komme [...].
Ich sage nicht mehr, – ich lege nur einfach mein
Buch unter den kleinen Christbaum, oder dort auf
das kleine Tischchen, wo die singenden Engel
stehen und wo Du mir im vorigen Jahr die Fülle
Deiner Gaben ausgebreitet hast. Siehst Du, [...] ich
bin wieder da, wie im Vorjahr, nur nicht gehetzt,
nicht zu bestimmter Stunde kommend oder fort-
eilend, ich bin an diesem Abend ganz leise überall in
Deiner Stube, ohne Hast und voll teilnehmender
Liebe. Und ich gehe nur fort, wenn Du anfängst
traurig zu sein ... Aber das tust Du nicht, nichtwahr –
denn: Mein Buch ist voll Zuversicht und Licht!

An die Mutter, 22. Dezember 1900

EIN FEST
DER HERZNACHDENKLICHKEIT

Mein Fest ist schon die letzten Jahre längst so
nach Innen verlegt gewesen, und ich glaube,
selbst, wenn ich in München geblieben wäre,
ich hätte den Abend allein in meiner Stube
verbracht als eine Feier der Versenkung, der
Herznachdenklichkeit, der Erinnerung. Denn
ich bin darauf angelegt, von Kindheit an, ein
Einzelner zu sein und keine Familie zu haben
und kein Familienfest, – sondern nur ganz
weite Zusammenhänge in der ganzen Welt,
bin bestimmt, nicht in die Nähe zu fühlen,
sondern in die Weite, das erst gibt meinem
Gefühl seine ganze Macht, Tiefe und Wahr-
heit.

An die Mutter, Weihnachten 1914

WINTERLICHE STANZEN

Nun sollen wir versagte Tage lange
ertragen in des Widerstandes Rinde;
uns immer wehrend, nimmer an der Wange
das Tiefe fühlend aufgetaner Winde.
Die Nacht ist stark, doch von so fernem Gange,
die schwache Lampe überredet linde.
Lass dichs getrösten: Frost und Harsch bereiten
die Spannung künftiger Empfänglichkeiten.

Hast du denn ganz die Rosen ausempfunden
vergangnen Sommers? Fühle, überlege:
das Ausgeruhte reiner Morgenstunden,
den leichten Gang in spinnverwebte Wege?
Stürz in dich nieder, rüttele, errege
die liebe Lust: sie ist in dich verschwunden.
Und wenn du eins gewahrst, das dir entgangen,
sei froh, es ganz von vorne anzufangen.

Vielleicht ein Glanz von Tauben, welche kreisen,
ein Vogelanklang, halb wie ein Verdacht,
ein Blumenblick (man übersieht die meisten),
ein duftendes Vermuten vor der Nacht.
Natur ist göttlich voll; wer kann sie leisten,
wenn ihn ein Gott nicht so natürlich macht.
Denn wer sie innen, wie sie drängt, empfände,
verhielte sich, erfüllt in seine Hände.

Verhielte sich wie Übermaß und Menge
und hoffte nicht noch Neues zu empfangen,
verhielte sich wie Übermaß und Menge
und meinte nicht, es sei ihm was entgangen,
verhielte sich wie Übermaß und Menge
mit maßlos übertroffenem Verlangen
und staunte nur noch, dass er dies ertrüge:
die schwankende, gewaltige Genüge.

EINSAMER WEIHNACHTSBAUM

Jenseits des Pfades, an dem die Betsäule stand, begann ein junges Tannengehölz. Das kleine Mädchen wählte einen der vordersten Bäume, dessen Spitze es mit ausgestrecktem Arm eben noch erreichen konnte, und spannte die bunte Papierkette um die waagrechten Zweige, auf denen schon fester Schnee wie glitzernder Demantschmuck prangte. Dann tropfte es die Kerzchen an den Ast-Enden fest, und zugleich mit dem ersten Stern der Heilsnacht gingen die Lichter an dem einsamen Weihnachtsbaum auf.

Das war nun wirklich eine große Pracht. Um die rotschwelenden Kerzchen herum schmolz der Schnee, und das glitzerte und blitzte, dass es eine Freude war. Klein-Elisabeth sagte zuerst ein frommes Sprüchlein vor der Muttergottes her und rief, auf das strahlende Bäumchen weisend: „Freuts dich?" Dann biss sie gar herzhaft in das Lebkuchenherz und stand mit vollen Backen so nah vor dem leuchtenden Tannenbaum, dass der Wider-schein des Glanzes in ihren reinen Augen funkelte.

Aus: Das Christkind

GESTERN HAB ICH
IM TRAUM GESEHN …

Gestern hab ich im Traum gesehn
einen Stern in der Stille stehn.
Und ich fühlte: Madonna sprach:
Diesem Stern in der Nacht blüh nach.

Und ich nahm alle Kraft zu Rat.
Grad und schlank aus des Hemdes Schnee
streckte ich mich. – Und das Blühen tat
mir auf einmal weh …

WENN ES NUR EINMAL
SO GANZ STILLE WÄRE

Wenn es nur einmal so ganz stille wäre.
Wenn das Zufällige und Ungefähre
verstummte und das nachbarliche Lachen,
wenn das Geräusch, das meine Sinne machen,
mich nicht so sehr verhinderte am Wachen –:

Dann könnte ich in einem tausendfachen
Gedanken bis an deinen Rand dich denken
und dich besitzen (nur ein Lächeln lang),
um dich an alles Leben zu verschenken
wie einen Dank.

DIE WIRKLICHKEIT
VON WEIHNACHTEN

Du weißt [...] was mir in meiner frühen Kindheit
Weihnachten war; selbst noch dann, als die
Militärschule mir ein wunderloses, hartes,
unbegreiflich boshaftes Leben so glaubhaft
vortäuschte, dass mir keine andere neben jener
unverschuldeten Wirklichkeit möglich schien;
selbst dann noch war Weihnachten wirklich
und war das, was mit einer Erfüllung herankam,
die über alle Wünsche hinausging, und wenn es
über die äußersten letzten nie noch gewünsch-
ten hinaus war, dann begann es erst recht, dann
faltete es, das bisher gegangen war, Flügel aus
und flog, flog, bis es nicht mehr zu sehen war
und man nur noch die Richtung wusste, in dem
großen fließenden Licht.

An Clara Rilke, Capri, am 19. Dezember 1906

EIN IMMERWÄHRENDES, EWIGES WEIHNACHTSFEST

Und als ich dann [...] dachte, dass dann Weihnachten kam, da fiel mir nur dieses Weihnachten ein, die Diele nur, die so groß und helldunkel war bis an den hellen, großen Baum heran, zu dem Du eine Weile herantratest, schnell, mit einer Unsicherheit, die wieder ganz mädchenhaft war, mädchenhafter als alles, das kleine Köpfchen an Dein schönes Gesicht haltend und mit ihm in den Glanz hinein, den Ihr beide nicht sehen konntet, jedes von seinem eigenen Leben erfüllt und von dem des anderen.

Da erst merkte ich, dass mir dieses Weihnachten noch da war und nicht wie eines, das einmal war und vergangen ist, sondern wie ein immerwährendes, ewiges Weihnachtsfest, zu dem das innere Gesicht sich hinwenden kann, sooft es seiner bedarf. Auf einmal war Freude und Seligkeit und Erwartung der anderen klein geworden dahinter; als wären das mehr meines treuen guten Vaters Weihnachten gewesen, seines besorgten, fürsorgenden Herzens eigenstes Fest. Dieses aber war meines: in seinem Helldunkel, seiner Stille und Unwiederholbarkeit ... Aus diesem allem entstand mir auch die Fähigkeit, diese Weihnachten einmal allein und doch nicht bange oder traurig zu sein.

An Clara Rilke, Capri, am 19. Dezember 1906

WEIHNACHTEN
UNTER ORANGENBÄUMEN

Man glaubt hier so wenig an Weihnachten, wenn man die Rosen blühen sieht, die Orangen reifen fühlt und (wenn ein stiller Tag kommt zwischen zwei Sturmtagen) auch den Duft von alledem deutlich um sich hat, den der kleinen weißen Narzissen, der weißen Geranien, der hundert und hundert Rosen, die immerfort im Aufgehen sind. Meine gütige Gastfreundin feiert, so oft sie hier ist, ihr Weihnachten, indem sie etwa 50 arme Kinder einlädt und beschenkt.

Im Studio wird dann (es gibt ja keine Tannenbäume) eine Pinie mit Rosen (frischen Rosen) und Lichtern geschmückt und die Dienerschaft übt Weihnachtsgesänge ein. [...]

Schön ist es hier, die Dudelsackpfeifer zu hören, die um die Weihnachtszeit im ganzen Ort herumgehen und vor den Madonnenbildern stehen bleiben und vor den kleinen Kapellen und spielen, alte uralte Lieder zu Ehren des Jesukindes. Da ist etwas Weihnachtliches, an das man sich halten kann.

An die Mutter, Capri, am 19. Dezember 1906

SEHNSUCHTSGEDANKEN

Ich seh so gern im Lichtgewand
dort in der blauen Ätherferne
allnächtig wandeln stille Sterne,
ich fühle ihnen mich verwandt.

Sie waren's, die in frühster Zeit
schon tief in meine Seele schauten,
sie waren balde die Vertrauten
für meine Lust und für mein Leid.

Es ist – wie könnt es anders sein –
mein ganzes Herze ihnen offen,
und ihnen möcht ich all mein Hoffen
aus in die stillen Lüfte streun.

Dies Hoffen säh ich dann so gern
leicht durch der Nächte heilig Schweigen
empor zum Licht der Sterne steigen
und droben schweben – auch als Stern ...

TAUSENDUNDEINE WEIHNACHT

In den Souks kommt manchmal so ein Augen-
blick, da man sich Weihnachten vorstellen
kann: die kleinen Nischen hängen so voll
bunter Sachen, die Stoffe sind so reichlich und
überraschend, das Gold glänzt so verspre-
chend auf, als sollte man es morgen geschenkt
bekommen, und wenn dann abends dem allem
gegenüber eine einzige Laterne brennt und
sich bewegt, aufgeregt gleichsam von der
Gegenwart alles dessen, mit dem ihr Licht sich
einlässt, dann geht Tausendundeine Nacht in
alles über, was in einem je Erwartung, Wunsch
und Spannung war, und Weihnachten ist gar
nicht so undenkbar.

An Clara Rilke, Tunis, am 17. Dezember 1910

WEIHNACHTEN IN DER FERNE

Ich denke viel daran, wie es voriges Jahr um diese Zeit in Tunis war, eines der merkwürdigsten Weihnachten wohl, die ich je verbracht habe, mit dieser im letzten Moment gekauften und geputzten Pinie, die dann doch soviel Fest ausstrahlte, ganz grau war sie in dem vielen Licht, das von ihr ausging, und der Spiegel, vor dem sie stand, fasste sie so im Ganzen mit dem Zimmer zusammen zu einer feinen lichtnebligen Atmosphäre und spielte jede Bewegung des Schimmers in den Raum hinein. Und man war fast erstaunt, am nächsten Morgen, draußen immer noch dieses fremde orientalische Land zu finden, das gar nichts von Weihnachten wusste und nichts davon annahm; höchstens die kleine alte katholische Kirche, mitten im arabischen Viertel versteckt in einem Häuserhof gelegen, wusste es, feierte und sang mit ihrem ganzen alten Halbdunkel, das etwas von der Heimlichkeit der Katakomben mit sich brachte.

An die Mutter, Duino, am 21. Dezember 1911

ALLE VERKÜNDIGUNGEN DER VORZEIT REICHTEN NICHT HIN …

Alle Verkündigungen der Vorzeit reichten nicht hin, *diese* Nacht anzusagen, alle Hymnen, die zu ihrem Preise gesungen worden sind, reichten nicht an die Stille und Spannung heran, in der Hirten und Könige niederknieten –, so wie ja auch wir, keiner von uns, je imstande gewesen ist, während diese Wunder-Nacht ihm geschieht, die Maße seines Lebens anzugeben.

An die Mutter, 17. Dezember 1920

EINER NEIGTE SICH DER KRONEN-BLONDEN ...

... Einer neigte sich der Kronenblonden,
welcher ihre Sanftheit selig sprach, –
und, umrauscht von seidenen Rotonden,
gingen ihm die vielen Engel nach.

Kamen zu den Herden mit den Hirten,
und die Landschaft lag in Abendruh.
Helft uns weiter, weil wir uns verirrten!
sangen sie den fremden Männern zu.

Und die Hirten waren aufgestanden,
und die dunklen Herden schwankten schwer, –
und die Engel kamen hinterher,
wachsend und in faltigen Gewanden ...

VERKÜNDIGUNG ÜBER DEN HIRTEN

Seht auf, ihr Männer. Männer dort am Feuer,
die ihr den grenzenlosen Himmel kennt,
Sterndeuter, hierher! Seht, ich bin ein neuer
steigender Stern. Mein ganzes Wesen brennt
und strahlt so stark und ist so ungeheuer
voll Licht, dass mir das tiefe Firmament
nicht mehr genügt. Lasst meinen Glanz hinein
in euer Dasein: Oh, die dunklen Blicke,
die dunklen Herzen, nächtige Geschicke
die euch erfüllen. Hirten, wie allein
bin ich in euch. Auf einmal wird mir Raum.
Stauntet ihr nicht: der große Brotfruchtbaum
warf einen Schatten. Ja, das kam von mir.
Ihr Unerschrockenen, o wüsstet ihr,
wie jetzt auf eurem schauenden Gesichte
die Zukunft scheint. In diesem starken Lichte
wird viel geschehen. Euch vertrau ich's, denn
ihr seid verschwiegen; euch Gradgläubigen
redet hier alles. Glut und Regen spricht,
der Vögel Zug, der Wind und was ihr seid,
keins überwiegt und wächst zur Eitelkeit
sich mästend an. Ihr haltet nicht

die Dinge auf im Zwischenraum der Brust,
um sie zu quälen. So wie seine Lust
durch einen Engel strömt, so treibt durch euch
das Irdische. Und wenn ein Dorngesträuch
aufflammte plötzlich, dürfte noch aus ihm
der Ewige euch rufen, Cherubim,
wenn sie geruhten neben eurer Herde
einherzuschreiten, wunderten euch nicht:
ihr stürztet euch auf euer Angesicht,
betetet an und nenntet dies die Erde.

Doch dieses war. Nun soll ein Neues sein,
von dem der Erdkreis ringender sich weitet.
Was ist ein Dörnicht uns: Gott fühlt sich ein
in einer Jungfrau Schoß. Ich bin der Schein
von ihrer Innigkeit, der euch geleitet.

ICH DENKE VON HERZEN ZU DIR HIN

Meine liebe gute Mama,
alle unsere innigsten Gedanken zu der stillen
Stunde Deines Weihnachtens. Ich lese in
Deinem Brief dankbar Dein Versprechen,
mutig und stark zu sein und den Abend so zu
verbringen, dass Du in Deinem Alleinsein
meine herzliche Nähe empfindest und alle
Geborgenheit, die Dein frommes Gefühl Dir
verschafft, indem es sich nicht aller Sehnsucht
und Hingabe in die Fülle aller Gefühle flüchtet:
In die unerschöpfliche Herrlichkeit und
Erhebung tiefer unbeirrter Anbetung. Und Du
weißt ja, wie sehr wir uns auch dort, in gemein-
samer Verständigung wiederfinden, und wie
sehr Dein Alleinsein auf einer Anzahl tiefer
Beziehungen beruht, die vielleicht nur von
denen, die allein sind, in solcher Stärke aus-
gehen können. [...] Ich denke von Herzen zu Dir
hin, ohne mich von der Entfernung beirren zu
lassen; um sechs Uhr öffne ich das Kuvert, das
in Deinem lieben eingeschriebenen Briefe lag
und Du wirst zur gleichen Zeit die kleine

Sendung öffnen, die ich heute abschicke. Dann wird die kleine Ruth ihren Weihnachtsbaum bewundern und ihr Fest feiern, zu dem die Sachen, die Deine Fürsorge ihr zugedacht hat, das Meiste beitragen werden. Aus Deinem lieben Brief weiß ich ja nun schon, wie lieb Du an uns gedacht und wie sehr Du für jeden das ausfindig gemacht hast, was ihm am meisten Freude bereitet. Lieben herzlichen Dank für alles. Ich bin sicher, dass Clara über den englischen Flanell sehr glücklich sein wird: Da ihr gerade ein Morgenkleid sehr fehlt, könnte ihr wirklich kein lieberes Geschenk gegeben werden. Und Ruth hat ja, weiß Gott, eine lange Liste: Das Piqueekleidchen wird besonders reizend für sie sein, und ich sehe schon, wie sehr die Pastellstifte ihren Wünschen entsprechen: Es gibt nichts, was ihr über das Zeichnen und Schreiben geht.

An die Mutter, 21. Dezember 1907

GEBURT CHRISTI

Hättest du der Einfalt nicht, wie sollte
dir geschehn, was jetzt die Nacht erhellt?
Sieh, der Gott, der über Völkern grollte,
macht sich mild und kommt in dir zur Welt.

Hast du dir ihn größer vorgestellt?

Was ist Größe? Quer durch alle Maße,
die er durchstreicht, geht sein grades Los.
Selbst ein Stern hat keine solche Straße.
Siehst du, diese Könige sind groß,

und sie schleppen dir vor deinen Schoß

Schätze, die sie für die größten halten,
und du staunst vielleicht bei dieser Gift –:
aber schau in deines Tuches Falten,
wie er jetzt schon alles übertrifft.

Aller Amber, den man weit verschifft,

jeder Goldschmuck und das Luftgewürze,
das sich trübend in die Sinne streut:
alles dieses war von rascher Kürze,
und am Ende hat man es bereut.

Aber (du wirst sehen): Er erfreut.

VOLL WUNDER UND GEHEIMNIS

Wer Vertrauen hat, ist stark, und diese stille Weihnachtsstunde ist von denen, die Kraft verleihen können, weil sie voll Wunder ist und voll Geheimnis. Und man muss nur still und einsam und geduldig genug sein, um die Gnade einer solchen Stunde in sich aufzunehmen, die in viele nicht eingeht, weil kleines Geräusch in ihnen ist und keine Ordnung. [...] Wenn wir uns in den Stunden großer Sammlung und Erhebung sagen, dass das das Leben ist, was sich so zitternd und festlich in uns rührt und unseren Blick blendet mit großen glänzenden, tiefherkommenden Tränen, – dann wird die kleine Wirrnis, die uns umgibt, das Tägliche und Trübe uns nicht mehr irremachen; mit mitleidiger Nachsicht werden wir es ertragen und wenn wir auch leiden unter der Last, sie wird uns nicht geringer machen als Gott uns will, der gerade jene Stunden der Erhebung uns gesetzt hat wie strahlende Stationen des dunklen Weges, auf dem wir ihn suchen!

An die Mutter, 20. Dezember 1903

MIT DEM LÄCHELN
VON HUNDERT KLEINEN ENGELN

Eben sind wir, Ruth und ich, durch den ersten
Schneefallversuch mit einem kleinen Wagen
selber zur Post gegangen, unsere große Kiste zu
holen, die dem Landboten zu schwer und
weitläufig war. Ruth hatte viele Vermutungen,
was sie enthielte und lauter Ungeduld: Da sie
aber aufging, die große Kiste, und dunkel offen
stand, dunkelgrün mit geheimnisvollem Glän-
zen zwischen den festlichen Zweigen, da waren
alle Erwartungen über und über erfüllt. Und
nun steht der kleine schimmernde Baum, ganz
als ob alles auf ihn gewartet hätte, vor dem
dunkleren großen; steht und schimmert so für
sich hin, als lächelte es in ihm mit dem aufge-
teilten Lächeln von hundert kleinen Engeln;
schimmert, so dass der graue Tag zu einer Nacht
wird für seinen innigen Glanz; schimmert, gibt
aus, was sie ihm herzlich mitgegeben haben,
gibt liebevoll aus mit allen seinen hinhaltenden
vollen Zweigen.

An Sidonie Nádherný von Borutin, 26. Dezember 1907

AUF DEM SCHOß DER TEUREN MUTTER

Die Kerzen waren schon ziemlich tief gebrannt; da setzte sich die Kleine zu Füßen des Heiligenbildes hin mit glücklichen Augen und frostblauen Händchen. Aber vom Frieren fühlte sie nichts. Es war so wunderstill um sie, und wenn sie die Augen schloss, so sah sie sich auf dem Schoß der teuren Mutter sitzen in warmer, traulicher Stube. Die Uhr tickte in gemessenem, behäbigem Takte, und der Wind schraubte sich in den prasselnden Kamin. Die Mutter strich ihr leise und zärtlich über den Scheitel und küsste sie mit roten, weichen Lippen mitten auf die Stirn. Und sie war schön, die Mutter, schön, wie die Fee im Märchen von Andersen, und trug eine seltsame Krone im reichen, flutenden Haar. Und sie anschauen – war gut ...

Aus: Das Christkind

ERFÜLLUNG DER WÜNSCHE

Dies ist Weihnachten, einmal im Jahr diese
Erwartung in sich fühlen, dieses feste durch
nichts enttäuschbare Anrecht, – fühlen, dass
das Erwachsene, das jetzt über uns ist, nicht
weniger, nein, mit viel mehr, mit Unendlichem
uns überraschen will, dass im Grunde unsere
größten Wünsche, wenn wir sie nur recht ins
Herz fassen, nicht unerfüllt bleiben können,
dass wir gar keinen Moment den *Wunsch*,
sondern eigentlich immer schon eine kleine
Erfüllung in uns tragen, die wir der Pflege
Gottes überlassen müssen, der sie großzieht
und zu Ansehen bringt aus unserem Erdreich.

An die Mutter, 19. Dezember 1910

AN ANDERE DENKEN

Dieses wollte ich Ihnen eigentlich zum Weihnachtsabend schreiben; aber über der Arbeit, in der ich diesen Winter vielfach und ununterbrochen lebe, ist das alte Fest so schnell herangekommen, dass ich kaum mehr Zeit hatte, die nötigsten Besorgungen zu machen, viel weniger zu schreiben. Aber gedacht hab ich an Sie in diesen Festtagen oft und mir vorgestellt, wie still Sie sein müssen in Ihrem einsamen Fort zwischen den leeren Bergen, über die sich jene großen südlichen Winde stürzen, als wollten Sie sie in großen Stücken verschlingen.

An Franz Xaver Kappus, 26. Dezember 1908

NACHTHIMMEL UND STERNENFALL

Der Himmel, groß, voll herrlicher Verhaltung,
in Vorrat Raum, ein Übermaß von Welt.
Und wir, zu ferne für die Ausgestaltung,
zu nahe für die Abkehr hingestellt.

Da fällt ein Stern! Und unser Wunsch an ihn,
bestürzten Aufblicks, dringend angeschlossen:
Was ist begonnen, und was ist verflossen?
Was ist verschuldet? Und was ist verziehn?

ERFÜLLUNG IN UNSEREN HERZEN

So lass uns, liebe Mama, auch heute, wie seit
Jahrzehnten, wie in meiner kleinsten Kindheit,
staunend und freudig vor diesem heiligen
Geheimnis vereinigt sein: wie sehr der gute Papa
das Geschenkzimmer vorzubereiten wusste, so
dass das Kinderherz hoch aufschlug beim
Aufspringen der Flügeltür und meinte, wie von
einer Welle der Erfüllung überwältigt zu sein.
Aber wie viel gewaltiger noch, je mehr dieses
eine kindliche Herz wächst und zunimmt, wie
ungeheuer überlegen auch noch in ihm, dem
erwachsensten Herzen, bleibt diese verschwen-
derische jede seiner Erwartungen überfüllende
Welle, wenn sie nun nicht mehr aus dem heim-
lich ausgestatteten, plötzlich eröffneten Zim-
mer, nicht mehr vom übervollen Gabentisch,
sondern von der kleinsten unscheinbarsten

Stelle herüberschlägt, an der wir das Weihnachtslicht anzünden. Die Erscheinung des lieblichen Wunders durfte kleiner, geringer werden, weil wir dahingekommen sind, über dem mindesten Zeichen seiner Gegenwart, den ganzen Glanz *in* uns, in unserem festlichen, geordneten Gemüt wahrzunehmen. Die Bescherung hat draußen nur ein Tischchen für sich, aber die lange Tafel der Erfüllungen steht nun in unserem Herzen, umgeben von einem Glanz, der auch noch die Erinnerung an den schönsten Christbaum der Kindheit übertrifft.

An die Mutter, 18. Dezember 1922

VOR WEIHNACHTEN 1914

1

Da kommst du nun, du altes zahmes Fest,
und willst, an mein einstiges Herz gepresst,
getröstet sein. Ich soll dir sagen: du
bist immer noch die Seligkeit von einst
und ich bin wieder dunkles Kleid und tu
die stillen Augen auf, in die du scheinst.
Gewiss, gewiss. Doch damals, da ichs war,
und du mich schön erschrecktest, wenn die
    Türen
aufsprangen – und dein wunderbar
nicht länger zu verhaltendes Verführen
sich stürzte über mich wie die Gefahr
reißender Freuden: damals selbst, empfand
ich damals dich? Um jeden Gegenstand
nach dem ich griff, war Schein von deinem
    Scheine,
doch plötzlich ward aus ihm und meiner Hand
ein neues Ding, das bange, fast gemeine
Ding, das besitzen heißt. Und ich erschrak.
O wie doch alles, eh ich es berührte,
so rein und leicht in meinem Anschaun lag.
Und wenn es auch zum Eigentum verführte,
noch war es keins. Noch haftete ihm nicht
mein Handeln an; mein Missverstehn; mein
    Wollen

es solle etwas sein, was es nicht war.
Noch war es klar
und klärte mein Gesicht.
Noch fiel es nicht, noch kam es nicht ins Rollen,
noch war es nicht das Ding, das widerspricht.
Da stand ich zögernd vor dem wundervollen
Un-Eigentum . . . . .

2
(. . . . . Oh, dass ich nun vor dir
so stünde, Welt, so stünde, ohne Ende
anschauender. Und heb ich je die Hände
so lege nichts hinein; denn ich verlier.

Doch lass durch mich wie durch die Luft den Flug
der Vögel gehen. Lass mich, wie aus Schatten
und Wind gemischt, dem schwebenden Bezug
kühl fühlbar sein. Die Dinge, die wir hatten,

(oh sieh sie an, wie sie uns nachschaun) nie
erholen sie sich ganz. Nie nimmt sie wieder
der reine Raum. Die Schwere unsrer Glieder,
was an uns Abschied ist, kommt über sie.)

3

Auch dieses Fest lass los, mein Herz. Wo sind
Beweise, dass es dir gehört? Wie Wind
aufsteht und etwas biegt und etwas drängt,
so fängt in dir ein Fühlen an und geht
wohin? drängt was? biegt was? Und drüber
  übersteht,
unfühlbar, Welt. Was willst du feiern, wenn
die Festlichkeit der Engel dir entweicht?
Was willst du fühlen? Ach, dein Fühlen reicht
vom Weinenden zum Nicht-mehr-Weinenden.
Doch drüber sind, unfühlbar, Himmel leicht
von zahllos Engeln. Dir unfühlbar. Du
kennst nur den Nicht-Schmerz. Die Sekunde Ruh
zwischen zwei Schmerzen. Kennst den kleinen
  Schlaf
im Lager der ermüdeten Geschicke.
Oh wie dich, Herz, vom ersten Augenblicke
das Übermaß des Daseins übertraf.
Du fühltest auf. Da türmte sich vor dir
zu Fühlendes: ein Ding, zwei Dinge, vier
bereite Dinge. Schönes Lächeln stand in
einem Antlitz. Wie erkannt
sah eine Blume zu dir auf. Da flog
ein Vogel durch dich hin wie durch die Luft.

Und war dein Blick zu voll, so kam ein Duft,
und war es Duft genug, so bog ein Ton
sich dir ans Ohr ... Schon
wähltest du und winktest: dieses nicht.
Und dein Besitz ward sichtbar am Verzicht.
Bang wie ein Sohn ging manches von dir fort
und sah sich lange um, und sieht von dort,
wo du nicht fühlst, noch immer her. O dass
du immer wieder wehren musst: genug,
statt *mehr!* zu rufen, statt Bezug
in dich zu reißen, wie der Abgrund Bäche?
Schwächliches Herz. Was soll ein Herz aus
    Schwäche?
Heißt Herz-sein nicht Bewältigung?
Dass aus dem Tier-Kreis mir mit einem Sprung
der Steinbock auf mein Herzgebirge spränge.
Geht nicht durch mich der Sterne Schwung?
Umfass ich nicht das weltische Gedränge?
Was bin ich hier? Was war ich jung?

DIE HEILIGEN DREI KÖNIGE
LEGENDE

Einst als am Saum der Wüsten sich
auftat die Hand des Herrn
wie eine Frucht, die sommerlich
verkündet ihren Kern,
da war ein Wunder: Fern
erkannten und begrüßten sich
drei Könige und ein Stern.

Drei Könige von Unterwegs
und der Stern Überall,
die zogen alle (überlegs!)
so rechts ein Rex und links ein Rex
zu einem stillen Stall.

Was brachten die nicht alles mit
zum Stall von Bethlehem!
Weithin erklirrte jeder Schritt,
und der auf einem Rappen ritt,
saß samten und bequem.
Und der zu seiner Rechten ging,
der war ein goldner Mann,
und der zu seiner Linken fing
mit Schwung und Schwing
und Klang und Kling

aus einem runden Silberding,
das wiegend und in Ringen hing,
ganz blau zu rauchen an.
Da lachte der Stern Überall
so seltsam über sie,
und lief voraus und stand am Stall
und sagte zu Marie:

Da bring ich eine Wanderschaft
aus vieler Fremde her.
Drei Könige mit *magenkraft**,
von Gold und Topas schwer
und dunkel, tumb und heidenhaft, –
erschrick mir nicht zu sehr.
Sie haben alle drei zuhaus
zwölf Töchter, keinen Sohn,
so bitten sie sich deinen aus
als Sonne ihres Himmelblaus
und Trost für ihren Thron.
Doch musst du nicht gleich glauben: bloß
ein Funkelfürst und Heidenscheich
sei deines Sohnes Los.
Bedenk, der Weg ist groß.

Sie wandern lange, Hirten gleich,
inzwischen fällt ihr reifes Reich
weiß Gott wem in den Schoß.
Und während hier, wie Westwind warm,
der Ochs ihr Ohr umschnaubt,
sind sie vielleicht schon alle arm
und so wie ohne Haupt.
Drum mach mit deinem Lächeln licht
die Wirrnis, die sie sind,
und wende du dein Angesicht
nach Aufgang und dein Kind;
dort liegt in blauen Linien,
was jeder dir verließ:
Smaragda und Rubinien
und die Tale von Türkis.

*mittelhochdeutsch: „Macht" (RMR.)

KÖNIG ABEND

Wie König Balthasar einst nahte,
die Stirn vom Kronenreif erhellt,
so tritt im purpurnen Ornate
der König Abend in die Welt.

Der erste Stern führt ihn wie jenen
bis an den fernsten Hügelsaum;
dort findet Mutter Nacht er lehnen
mit ihrem Kind im Arm, dem Traum.

Dem bringt er just, wie jener Weise
des Orients, das Gold, gehäuft, –
das Gold, das uns der Knabe leise
erlösend in den Schlummer träuft.

FÜR NIKE (WEIHNACHTEN 1923)

Alle die Stimmen der Bäche,
jeden Tropfen der Grotte,
bebend mit Armen voll Schwäche
geb ich sie wieder dem Gotte

und wir feiern den Kreis.

Jede Wendung der Winde
war mir Wink oder Schrecken;
jedes tiefe Entdecken
machte mich wieder zum Kinde –,

und ich fühlte: ich weiß.

Oh, ich weiß, ich begreife
Wesen und Wandel der Namen;
in dem Innern der Reife
ruht der ursprüngliche Samen,

nur unendlich vermehrt.

Dass es ein Göttliches binde,
hebt sich das Wort zu Beschwörung,
aber, statt dass es schwinde,
steht es im Glühn der Erhörung

singend und unversehrt.

DAS GEFÜHL DES ANFANGS

Man kann gar nicht oft genug im Leben das Gefühl des Anfangs in sich aufwecken, es ist so wenig äußere Veränderung dafür nötig, denn wir verändern ja die Welt von unserem Herzen aus; will dieses nur neu und unermesslich sein, so ist sie sofort wie am Tage ihrer Schöpfung und unendlich.

An Anita Forrer, 19. Januar 1920

VERLAGSGRUPPE PATMOS

**PATMOS
ESCHBACH
GRÜNEWALD
THORBECKE
SCHWABEN
VER SACRUM**

Die Verlagsgruppe
mit Sinn für das Leben

Die Verlagsgruppe Patmos ist
sich ihrer Verantwortung gegen-
über unserer Umwelt bewusst.
Wir folgen dem Prinzip der Nach-
haltigkeit und streben den
Einklang von wirtschaftlicher
Entwicklung, sozialer Sicherheit
und Erhaltung unserer natürlichen
Lebensgrundlagen an. Näheres zur
Nachhaltigkeitsstrategie der
Verlagsgruppe Patmos auf unserer
Website www.verlagsgruppe-
patmos.de/nachhaltig-gut-leben

MIX
Papier aus verantwor-
tungsvollen Quellen
FSC® C014138

© 2024 Jan Thorbecke Verlag,
Verlagsgruppe Patmos in der
Schwabenverlag AG, Ostfildern

Gestaltung: Finken & Bumiller,
Gundula Wagner-Rexin, Stuttgart
Illustrationen: shutterstock
Druck: Finidr s.r.o., Český Těšín
Hergestellt in Tschechien
ISBN 978-3-7995-2052-2

Textnachweis:
Bei den Briefen sind jeweils
Adressat und Datum beim Text
angegeben. Ebenso ist angegeben,
wenn es sich um einen Ausschnitt
aus der Erzählung „Das Christ-
kind" handelt.
Die Gedichte und Gedichtpassa-
gen sind den folgenden Gedicht-
sammlungen und -zyklen von
Rainer Maria Rilke entnommen:
Das Buch der Bilder: Seite 4, 58;
Advent: Seite 6, 7, 11, 22;
Traumgekrönt: Seite 8, 16;
Jugendgedichte: Seite 17, 35, 39;
Mir zur Feier: Seite 23, 30;
Gedichte 1906–1926: Seite 26, 51,
54, 62;
Das Stunden-Buch: Seite 31;
Das Marien-Leben: Seite 40, 44;
Larenopfer: Seite 61.